I0474421

NA 3 JAAR VOLKSKRANT WEBLOGGEN 2006 -2009 OVERWOOG FRED VAN DER WAL TE STOPPEN

NA 3 JAAR VK WEBLOGGEN 2006 -2010 OVERWOOG FRED VAN DER WAL TE STOPPEN . GOED IDEE? KOMT U MAAR!

maandag 6 juli 2009 12:23 door fred van der wal

Tags: weblog van de volkskrant, kunst

In de loop van drie achter liggende heftige weblogjaren zijn er regelmatig bezwaren geuit door een aantal mede webloggers tegen mijn aanwezigheid op het Volkskrant Weblog. Voornamelijk academische geschoolde kritikasters die zelf weinig weblogs produceerden en niet in het centrum van de belangstelling van de lezers stonden. Waarschijnlijk een kwestie van kinnesinne. Een beeldend kunstenaar die iets te zeggen heeft met zijn werk heeft lauwe vrienden en verbitterde vijanden, dat is mijn ervaring sinds 1964.

Bij benadering meer dan een dozijn webloggers poogde mij weg te werken van het web log met de meest merkwaardige argumenten. Zij zijn daar niet in geslaagd. Ik hield stand, soms zelfs tegen vier of meer opponenten tegelijk.

De behoefte aan mijn bijdragen is naar ik denk minder geworden, de vijandigheden naar de geest van de tijd des te groter, de aanvallen, zelfs uit de "collegiale" hoek nog onterechter, achterbakser en gemener dan voorheen.

Andere werkzaamheden roepen.

Mijn dag is gevuld met schilderen vanaf 7 uur 's ochtends een paar uur, webloggen, verhalen schrijven, documentatie verzorgen en mails behandelen, publicaties in boekvorm voor bereiden, administratie verrichten, het afbouwen van dit immens grote huis, meerdere keren daags correspondentie met Isis Nedloni, tuin onderhoud van een tuin van 4670 kwadraatmeter,vakliteratuur lezen, secundaire Nederlandse literatuur bestuderen. De dag telt te weinig uren. Vaak sta ik om half zes op en ga om twaalf uur naar bed na een dag gevuld met heel wat activiteiten.

Een ver familielid wist mij eens te vertellen dat beeldende kunstenaars tot een uur of twee in bed liggen. Het is mij niet zo opgevallen.

De grote mate van reacties uitwisselen op het Vkblog tussen Isis Nedloni en mijzelf heeft geresulteerd in een voorlopige verbanning van de reactie- en aanbevelingspagina. Ik twijfelde om de reden van verminderde vindbaarheid om door te gaan.
De redactie deelde mee dat trouwe bezoekers waarschijnlijk toch wel zullen blijven komen.
Daar had ik niet aan gedacht.
Misschien is dat zo, misschien ook niet. De tijd zal het leren. Wie weet ben ik langzamerhand uitgepraat. We kunnen niet altoos maar doorgaan gelijk het eeuwig door klotsen van de golven van de Noordzee.
Ik ben Toon Hermans niet of Heintje Davids, performers die niet weg te branden waren van het toneel.
Na heel veel bijdrages die ik met veel enthousiasme heb neer gezet slaat de vermoeidheid heel hevig toe en valt het mij steeds zwaarder een dagelijks weblog neer te zetten.
Isis doet veel moeite mij over te halen om te blijven op het weblog.
Diverse reageerders -zelfs uit onverwachte hoek- geven morele steun.
Ook in het verleden heb ik enkele malen op het punt gestaan te stoppen.
Het was geen pose. Eerder twijfel en een lichte vorm van wanhoop of wellicht in combinatie met vermoeidheid. Soms -heel zelden- ben ik net een mens.

164 reacties

Dianne 06-07-2009 12:32

Jammer. Want je bracht wel kleur in de brouwerij. Ik hink nog op wel-niet, dus mag niet zeggen dat je moet blijven :-) Maar wat je ook doet, doe het met hart

groet

fred van der wal 06-07-2009 12:39

@Dianne

Dank voor reacties en ik kom zeker nog wel bij je kijken op je weblog.

Jacob Hesseling 06-07-2009 12:45

moet ik dit nu afbevelen ?

fred van der wal 06-07-2009 12:48

Vandaag is het Alles Mag dag Jacob!

Je keuze wordt in beide gevallen gerespecteerd.

fred van der wal 06-07-2009 13:02

Het heeft weinig zin om door te gaan als de melding van de reacties en of aanbevelingen niet meer op de desbetreffende paginas vermeld worden, dat is de hoofd reden van vertrek. Ik heb tot vandaag met veel enthousiasme deel genomen aan het weblog.

Peter Louter 06-07-2009 13:13

Fred, je incasseringsvermogen lijkt te slijten. Ik heb voldoende respect om dit aangekondigde afscheid met gemengde gevoelen te ondergaan.

fred van der wal 06-07-2009 13:39

Peter

Ten eerste had ik gisteren al je IP ban opgeheven, ten tweede heeft het geen zin als reacties en aan bevelingen voor onbepaalde tijd worden ge-blokkeerd, want onbepaalde tijd is erg lang, net zoiets als de eeuwig-heid.

In voorbereiding had ik een aantal serieuzere artikelen over het func-tioneren van de beeldende kunst, de roem van de kunstenaar, een bij-drage over Modern Art and The Death of a Culture van Prof. H.R. Rook-maaker, een artikel over de veranderde wijze van recenseren van beel-dende kunst en een een series bijdrages met fotos van werken van enkele Friese kunstenaars met een daarbij behorend profiel.

Ik ben de vaak onterechte aanvallen, de langdurige agressie van enkele webloggers, gecombineerd met de scheldpartijen aan mijn adres in de meest grove bewoordingen, die ongestraft lang zijn door gegaan en het gebrek aan enige support en waardering heel erg moe.

Wim Duzijn 06-07-2009 13:53

Wat wil je aan het VK-blog veranderd hebben dan???

fred van der wal 06-07-2009 14:03

Ik begrijp niet dat bepaalde webloggers die met een stroom van scheld-woorden en onjuiste mede delingen die mijn privacy betroffen heel lang ongestoord hun gang konden gaan ondanks klachten naar de redactie.

6

Verder heb ik geen enkele op en aanmerking. En verwijs je verder naar mijn reactie gegeven bij Peter Louter.
Ik heb altijd geredeneerd als ik ergens niet welkom ben; geen probleem, dan ben ik weg. Er leven genoeg mensen op aarde; Daar zit altijd wel eentje bij waar het wel prettig bij te vertoeven valt. De reactie van Peter waardeer ik, omdat hij niet bepaald een groot bewonderaar was van mijn bijdragen.

Ina Dijstelberge 06-07-2009 14:34

SHIT!

fred van der wal 06-07-2009 14:37

Ina

Dat vind ik nou eens een krachtdadige en juiste kwalifikatie, maar veel en veel belangrijker...die nieuwe Avatar van jou; Ziet er heel erg goed uit. Die vorige foto achter die bloemen was toch meer van The Post Sixties Paranoia Flower Child Movement!

jan bouma 06-07-2009 14:51

@Beste Fred!

Ik kan wel beweren... "doe precies het tegenovergestelde dat de ***holes van je willen!" Ga niet weg! Sterker nog... al zou ik een horde tegenstanders hebben acht ik dat een pluspunt want... dan reageren ze op wat ik te zeggen heb.
Wat vindt verdomme @Isis van dit besluit? Zij zal toch zeggen: "Je laat je toch niet ringeloren door wat domme figuren?"

Kortom: ik beschouw je (eventuele) vertrek als een verlies voor het Vkblog...

want after all... diegenen die je weg willen hebben KEN IK NIET EENS!!! En dus doen ze er niet toe. Graag zag ik hierna nou even dat rijtje dat je weg wil hebben. Er zal geen naam verschijnen.

Daarom...: ga je niet weg vanwege de reden - zoals mij dat ook vaak overkomt - "dat je maar eindeloos paarlen voor de zwijnen moet blijven gooien?" Ik zal dat blijven doen tot aan mijn sterfbed; zo vrees ik. Maar dat hoef jij uiteraard niet. Groet! Anyway! En het ga je goed! JB

Jos_in_Hangzhou 06-07-2009 15:02

Zo heb je meer tijd om te schilderen. Succes ermee!

fred van der wal 06-07-2009 15:05

Jan

je oogt sympatiek op de foto

eindelijk een kop erbij

nu weten we waar

Jan Bouma de mosterd vandaan haalt

Figuurlijk gesproken dan!

Hè? Figuurlijk?

Wij geloven dat meneer van de Wallen weer

maar eens wat aanlult

om een reactie te vullen

met Aangelul

Aangeluld en nog niet gaar?

Wilt U uw mond gaan spoelen Van De Wallen

maar ik heb een wederwoord,

een woord voor de wereld:

Als Ina Dijstelberge SHIT zegt
mag ik Aanlullen zeggen
op het verbale overleg platform
Juist!
Plat Form
en plat is plat
met of zonder vorm
Hè! Laat ik niet ingewikkeld zitten
lullen
Nu eens serieus:
Word jij er dan niet
eens moe van allemaal?
In elk geval dank
voor support!

fred van der wal 06-07-2009 15:09

Jos
Er zijn heel wat Chinezen die zeer goed schilderen
want er mogen dan veel Chinezen wezen omdat
ze zo goed kenne kezen
ik heb schilderijen van ze gezien in een ruimte
bij de Westergasfabriek
die technisch superieur zijn gemaakt
dus behalve bij het kezen
hebben ze zich ook schilderkunstig bewezen

jan bouma 06-07-2009 17:08

@Fred 15:05
Tuurlijk word ik ook moe... maar ik zou m'n tegenstanders niet de
overwinning

willen gunnen dat zij je de mond hebben weten te snoeren....
Desalniettemin... "Het ga je goed!" En dat wens ik zelfs de "assholes" toe
die jou dat misgunden. Groet!
JB

Zwollywood 06-07-2009 17:25

De bedoeling van kletsmajoors is om je energie leeg te zuigen.....Geef ze
geen kans....als je vertrekt is het mogelijk wel een vertrek voor PULP....
Laat het gepeupel het niet winnen....blijf kleurrijk en krachtdadig...vooral
goed in je eigen vel blijven zitten en je er niet uit laten halen...

Zwollywood 06-07-2009 17:25

Niemand heeft iets te zeggen

Zwollywood 06-07-2009 17:26

over de keuze die jij maakt....voor je eigen medium....

Zwollywood 06-07-2009 17:26

en als er een pestlog over jou verschijnt....lees het dan niet....doe
gewoon je eigen ding....

fred van der wal 06-07-2009 17:39

Dear Zwolly

Je hebt gelijk. Dank voor je mail, alleen zijn mijn bijdrages geblokkeerd
door de redactie voor de reactiepagina en de aanbevelingspagina na
klachten van webloggers zodat mijn bijdrages alleen nog maar op laatste

Berichten zouden staan. Niet dat ik me daar te goed voor voel, maar op die manier is de lol er wel van af. Ik vind niet dat ik dat verdiend heb na zoveel enthousiaste en intensieve deelname aan het blog. Een pestblog kan me niet zo veel schelen en dat is ook niet de reden om te stoppen, want tegen een pestblog kun je je verzetten. Tegen een blokkering vanuit de redactie nu eenmaal niet.

François Labarbe 06-07-2009 17:40

Meen je toch niet?

kuifjesimon 06-07-2009 17:44

Tsja ... eh .... Fred

retteketet

VK-blog zonder Fred is als een ... een

schoen zonder veters

een plaat zonder hoofd

slag zonder hagel

room zonder slag

ego zonder centre

of hoe het verder heten mag.

NB: 'k sluit me an bij Dianne

fred van der wal 06-07-2009 17:56

Kuifje simon

dank voor reactie

dat is wel zo:

een zeil zonder bootje

een dak zonder gootje

en boter zonder vloodje

een kop zonder spijker

de situatie deprimeert mij

ik heb begrepen dat ik met Isis

te veel en te vaak reacties

uit wisselde

wel zag ik natuurlijk dat je daardoor

op de reactiepagina hoog eindigde

niet bij nagedacht dat het

zwaar zou wegen

fred van der wal 06-07-2009 18:03

Francois

Ik weet niet wat ik moet doen

ik blijf wel langs komen op je

weblog en aanbevelen

dat spreekt vanzelf

fred van der wal 06-07-2009 18:05

Kuifje Simon

Dank voor reactie

misschien een time out

of echt stoppen

ik weet het niet

misschien is het

allemaal niet

de moeite waard geweest

ik heb er veel tijd en energie

in gestopt

waarvoor?

kuifjesimon 06-07-2009 19:01

Waarvoor ? Voor je eige ... denk ik dan toch;

je bent een goeie qoewereland

in bloggersland

en dat weegt ook !!

Nou eh .. je ziet maar

Afi 06-07-2009 19:05

FRED

Afi 06-07-2009 19:05

je

Afi 06-07-2009 19:05

mag

Afi 06-07-2009 19:05

niet

Afi 06-07-2009 19:05

weg

Afi 06-07-2009 19:05

FRED

Afi 06-07-2009 19:05

BLIJF....

Afi 06-07-2009 19:06

Anders kom ik je gewoon halen.....

heel veel liefs,

Afi

fred van der wal 06-07-2009 19:42

Kuifje

Koewerulanten komen niet in de kranten

maar toch

zie je ze op het weblog!

As het effe mog

nee, daddis kort door de bog

fred van der wal 06-07-2009 19:44

OEJOEJOEJ!!!!

ALS AFI

JE KOMT HALEN

DAN HELPEN GEEN VERHALEN

VOOR WIE TEGEN SPUTTERT

WORDT HET BALEN

EN ZEKER GEEN THÉ DANSANT

IN KAARSVERLICHTE BALZALEN

Dianne 06-07-2009 19:51

ik blijf, jij ook?

François Labarbe 06-07-2009 19:57

Tja... ik ben sprakeloos... ik draai maar even snel Bix Beiderbecke om weer op adem te komen ;-)

fred van der wal 06-07-2009 20:13

Hoi Dianne

Dat is heel sympa van jou

maar ik kan toch niet eerst zeggen weg te gaan en dan een paar uur later; "Koekoek, daar is ons mannetje weer!"

Hoe moet ik dat in hemelsnaam verkopen????

Ik weet het niet.

fred van der wal 06-07-2009 20:17

Francois

ten eerste als beta

heb je daar een formule voor

dus ben je helemaal niet sprakeloos

de leer der verzamelingen

is een technicus op

het lijf geschreven

vroeger

jaren zestig

begon de student universitair wiskunde

daarmee in het eerste jaar

nu geloof ik op de Mavo

Ja, Bix Beiderbecke

heb ik ook wat

materiaal van op LP

maar helpt het tegen sprakeloosheid?

Jawel! Zeker weten!

de muziek sterkte meer dan 120 decibel

daar valt geen verstandig woord

meer tegen in te brengen

Jezzebel 06-07-2009 20:21

Fred, aanbevolen.

Dat ging per ongeluk.

Zal ik je dan nu maar in mijn favorieten plaatsen?

fred van der wal 06-07-2009 20:25

Jezzebel

Wat een ongeluk!

Mijn avond

kan niet meer stuk!

nooit gedacht

stil gezwegen

17

lang gewacht

toch gekregen

geluidloos geweend

niet weg gebeend

Jezz

dank voor reactie

Isis Nedloni 06-07-2009 20:37

Mmmmmm...ik geniet van alle reacties....dat is mooi...en lief...warm en

vreedzaam.....

Jezzebel 06-07-2009 20:38

Zo, man.

Ik heb je op de kop getikt.

Dan weet je het wel. :-)

Dianne 06-07-2009 20:48

Nou Fred, je kan zeggen dat ze je gedwongen hebben om te blijven. En
dat je nogal gemakkelijk over te halen bent :)))

Kies met hart en niet met of je dit nou wel kunt maken. Dat is zo ratio-
neel en dat ben jij vast niet.

fred van der wal 06-07-2009 20:54

Jezzebel

dat is dan voor de tweede maal

ik was al getikt!

Ongeveer als een zacht eitje

en dat geeft me een derrie

pardon, herrie

in de weblog tent

fred van der wal 06-07-2009 20:56

Dianne

Waarom zijn vrouwen

genuanceerder

inventiever

sociabeler

emotioneel intelligenter

flexibeler

handiger

ik weet het niet

maar merk dat vaker op

het is

om jaloers op

te worden

fred van der wal 06-07-2009 20:59

Hoi Isis

Ik zal maar niet

exploderen in

loftuitingen op

Isis Nedloni

van drukletter

prefereer ik de

Times New Roman

boven de Bodoni

gaan we te veel op elkaar in

krijgen we allebei een min

dat heeft geen zin

Jezzebel 06-07-2009 21:15

@Fred, arial, voor een weblog, is dat luchtledige het makkelijkst te lezen.

misja 06-07-2009 21:17

Come on freddy! Schijt aan de hele wereld,gewoon doorgaan...

laat ze toch lekker barsten man! wie doet je wat,

het is jouw blog en je mag ermee doen wat je wil,

f*ck 'm all

fred van der wal 06-07-2009 21:25

@Jezzebel

arial

het proberen waard

ik was hooked

on the Times New Roman

volgende bijdrage

kijken hoe het

uitpakt

fred van der wal 06-07-2009 21:27

@Misja

was het maar zo simpel

ik ben bijna himpel stimpel

nog net niet stapelgek

biddend bad eendje

kwek kwek kwek

schijt aan de wereld?

daarna de drek?

dan liever bibi badeend

kwek kwek kwek

Henk 06-07-2009 21:48

Fred, als je in dit land een ietsje te ver boven het maaiveld uitsteekt, begint het gelazer.

Niets van aan trekken. Gewoon doorgaan.

Groeten,

H

Dianne 06-07-2009 21:54

goeie titel, trouwens

Isis Nedloni 06-07-2009 22:15

Heel apart....ik kan alleen nog maar huilen....

dat komt...omdat webloggen en verre liefdes ...het gedartel om elkaar enige

troost geeft....ik kan alleen nog maar huilen...straks gaat het weer....gelukkig

hebben de andere aardige reageerders de reacties goed op laten lopen zonder dat

de teller liep... en stond ik er buiten...

we hadden een vreemde emotionele blogdag...en doet het me pijn dat het zo

verliep....kan ik niet een terugtikteller krijgen zodat al mijn reacties niet mee worden geteld.....na drie jaar om elkaar heen springen en liefdevol dartelen

doet het pijn dat gebiedje te moeten verlaten....we hadden zo'n plezier en

verlichtte het de afstand iets....bij mij......vrouwen vrouwen vrouwen..wat zijn

vrouwen toch bijzondere wezens....including myself...lang...lange...lange

reacties kan ik natuurlijk wel achterlaten...compacte...vol gevoel...zodat ook

dat haar weg kan vinden.....mmmmm....k moet er van bijkomen...van zo'n dag dat

alles anders werd...en toch ook weer niet...want de prive mail gaat lekker door....liefde...liefde...wat

een hevig gebied....kom meid...ruk jezelf van je liefde en ga schrijven en

geloven in het goede...dat alles goed komt...en fijn dat je er weer bent

jezzebel...je laatste bijdrage met de strijkbout vond ik zo goed...zo herkenbaar!

Top!...Ik heb er enorm om gelachen...heerlijk!

het leven is te kort voor eeuwige misere...okay?

dag m'n lieve lief....

koek 06-07-2009 22:28

Flauw dat men daar tegen protesteerde

vond dat gedartel van Fred en Isis ontzettend aandoenlijk en lief jij met soms een te grote mond op VK blog

(ja laten we eerlijk wezen)

Ik stoorde me daar niet echt aan

en vind dat wel bloemrijk

jouw geschop soms tegen heilige huisjes

en je hebt een even groot hart dat is me wel duidelijk

(klein hartje toch in de Nederlandse gezegde?).....

fred van der wal 06-07-2009 22:45

Hoi henk

ja dat is wel zo, maar soms wordt het me wel eens net wat te veel. Wil ik weg

lopen.

fred van der wal 06-07-2009 22:49

Ja die strijkbout heb ik ook gezien en moest even kijken hoe dat nou in elkaar zat!

Isis lief, huilen moesten we maar niet doen anders hebben we geen tranen meer

over als er echt iets gebeurt!

Zelf huil ik nooit. In 33 jaar twee keer: één keer van woede omdat de moordenaar

van mijn broer werd vrij gesproken door een vormfout en één keer om een langharige jonge raskat die is dood geschoten.

fred van der wal 06-07-2009 22:53

Koek

Thanks a lot

ik zag er ook niet veel kwaad in

dacht dat het wel kon

maar dat is niet zo

nou, jammer

maar een echte commando

gaat altijd door

want klagen en versagen

staat niet op mijn

koppelriem

Isis Nedloni 07-07-2009 08:30

Verrukkelijk dat je bent geland Klaver!

Have a nice day!

fred van der wal 07-07-2009 08:50

KLAVERBLAD:

NO COMMENT!

fred van der wal 07-07-2009 08:53

Dear Isis

ik geef geen commentaar

meer op Klaverblad

alleen op wie jou en mij

goed gezind zijn

fred van der wal 07-07-2009 09:11

Eén minuut geleden helaas een IP ban moeten uitdelen aan Klaverblad. Het is langzamerhand genoeg geweest. Negatieve reacties of reacties die onjuiste informatie geven worden voortaan geweigerd en onmiddellijk verwijderd.

fred van der wal 07-07-2009 10:13

reactie fred van der wal bij weblog Koek 07-07-2009 10:10

Herkenbaar voor iedereen die in het buitenland is gaan wonen; De harkerigheid, hufterigheid, onbeschoftheid, onbehouwen gedrag in winkels en op straat, de agressie in het verkeer, het valt mij na 7 jaar Bourgogne steeds meer op en steeds moeilijker is het om nog te wennen aan Nederland. Ik slaap er een stuk slechter, alles is klein, zelfs op parkeerplaatsen bij supermarkten, de straten, om de tien meter een idiote rotonde.

Holland kleinkolerekuttekoppersland met je uniforme rijtjeshuizen en postzegelgrote tuinen, je geluids overlast, het burengerucht onder het motto/ als ik herrie wil maken zal jij geen rust hebben! Het geruzie over heggetjes en overhangende takken. De bemoeizucht. Holland is een klup klootzakken.

IK HAAT HOLLAND!!!

Rein-john Scholtens 07-07-2009 10:21

Beste Fred,

Ben ik koud terug van vakantie, lees ik dat je overweegt te stoppen met je blog.

Als je het maar laat!!

Blijf vanuit jouw paradijs in Frankrijk ons bestoken met je soms hilarische bijdragen. En ach, Nederland is misschien wel een verloren land. Teveel mega-ego's op een te klein stukje grond. Dan gaan ze elkaar in de staart bijten. Daar zou ik een boek over kunnen schrijven.

Fred, nogmaals, waag het niet om weg te gaan, want net als Afi zegt, ik kom je persoonlijk halen daar in Frankrijk.

Zonder licht valt er niet te leven.

Groeten.

Jelle Droeviger 07-07-2009 10:27

Naar aanleiding van Di, 07-07-2009, 10:23.

Geen gek idee, Fred... Even een stap terug doen, en het slagveld overzien. Even een tydje slechts konsument zyn. De lyzige levenloze lauwheid vanaf een afstand bezien... De gevangenen vanuit volkomen vryheid beschouwen.

Of, iets heel anders, iets nieuws.: schilderen met woorden. Een idee van een kunstwerk zodanig beschryven dat het uit de tekst knalt, met alle kleuren, vormen en andere emoties die daarby horen. De taal als penseel.

Groet,

Jelle Droeviger

fred van der wal 07-07-2009 10:34

Stemmen die zwaar wegen/zijn de mooiste stemmen/nee/castraten sopranen niet gewenst/ dan nog liever/Christine Deutekom met die dikke tieten/ die als ze de hoge C wil halen/ dagelijks uit haar Gothische tie-tenbeteugelaar knalt/ach wat/al weer een aftrekbare belastingpost

ISIS NEDLONI

AFI

KOEK

JELLE DROEVIGER (FAMILIE VAN JELLE BLIJER, DE KODDEBEIER EN DAAR WEER FAMILIE

VAN DE BEIAARDIER VAN DORDRECHT. JA DIE VAN BIM BAM BEIEREN DE KOSTER LUST GEEN

EIEREN)

REIN JAN SCHOLTENS

DIANNE

HENK

JACOB HESSELING

PETER LOUTER

JEZZEBEL

WIM DUZIJN

JAN BOUMA

INA DIJSTELBERGE

ZWOLLYWOOD

JOS HANG SENG

KUIFJE SIMON

FRANCOIS LABARBE

NAMEN IN WILLEKEURIGE VOLGORDE

fred van der wal 07-07-2009 10:37

Rein John

Jij samen

met Afi

een berensterk duo

onder leiding van Jelle

van de wetenschapsquizz

kan ik wel inpakken

en snel weg wezen

gelukkig heeft Jelle

een geavanceerde tent op

het dak van zijn oto

en dan draaien

die song

A hard rain 's gonna fall

fred van der wal 07-07-2009 10:40

Jelle

Woorden moeten aanklagen

verdedigen

een alibi geven

maar niet voor de doekjes

voor het bloeden

woorden moeten bijten

eroderen

graven

etsen

sporen in de tijd

nu scheppen

de archeologie van de toekomst

fred van der wal 07-07-2009 10:44

De taal als penseel

is alleen weg gelegd

voor poweten

en andere

verwelkte meisjes

ik ben geen poweet

of profeet

ik ben niet de man van

het afgesleten

Huil Lach

Bidt en bewonder

ik zal niet open

breken naar

boulevards vol mededogen

mijn bestaan is

niets meer dan een

invasie strand

geen staus quo

verder dan een D day

zal ik niet komen

het zou een lange dag

worden

ik probeer niet mijn pen

ik behaag niet

ik poseer niet

maar eis een plaats op

met mijn rug

tegen de muur

Isis Nedloni 07-07-2009 10:57

Ja....de keurige heer Klaver, het fatsoen zelve, heeft bij mij ook een

permanente i.p. ban gekregen.

De keurigheid straalt van alles af...zo fatsoenlijk...zo netjes....en

ondertussen...kan men vanuit het schulpenstulpje de meest smerigste
dingen

uithalen in het weblogland....er is trouwens een persoon in je favorieten
lijst

die mij niet goed gezind is....waarom mag joost weten......maar het is niet

belangrijk....niet belangrijk....

ja...inderdaad...ik kan goed observeren...zo goed zelfs dat de frustraties
bij

enkelen in de sporen die ze achterlaten me in een stinkende roffel
voorbij

schieten en pijlen regelrecht in mijn hart boren....zelfs chantage
praktijken

now a days...goh....nou...euhhhh...dan zou ik zeggen dat de trouweloze
harteloze

kikkermensen niet geslaagd zijn voor de inburgeringscursus beschaving...nou...en

als er iets erg is...is dat het wel...het missen van een innerlijke beschaving...want

het betekent dat de lippen dun en strak getrokken op de verbleekte opgedroogde

mond zitten en het hart koud gekleurd is met maagzweren op de loer en koude

verbitterde ogen zonder sterren....door het gedar in stinkende innnerlijke

structuren die op een dag vanzelf wraak nemen...ach...nee...niet hier op het

weblog...dat is soms gewoon een schijnvoorstelling met veel projecties en zelf

verzonnen gejatte identiteiten....hoe mooi en zalig gelukmakend zijn zij die zichzelf zijn....ze hoeven niet te kronkelen of te liegen...te spelen en te bedriegen....ja,ja...het fatsoen spartelt weer hoog boven de daken...en hoe

grappig dat de nepidentiteiten alhier die al jaren pogen ons te verwijde-ren nu

meestal bij de zgn popies van het weblog gebeuren horen...hoe toevallig is dat?

Ach, maakt u niet druk...de weblogverslaafden vallen straks vanzelf terug in een

ongeleefd leven...kijken om zich heen in een leeg dor verlaten land-schap...en

peinzen...goh...waar zal dat nu aan liggen?

Mmmm...dag mijn grote liefde

dag heerlijk mens van mijn hart

ik ben blij om wie je bent

en blij

om wie ik ben

met onze struikelpartijen en hoogvliegerij

ons gekabbel

en liefdes partij

rood

sprankelend

vol

vuur

dat

nooit

dooft

tot later.......

tot later.....

tot zo...

Wim Duzijn 07-07-2009 11:18

Ik ben in gedachten bij je FRED!

Klinkt dat niet verschrikkelijk sympathiek?

Net zoiets als: "Hij heeft rust gevonden in de handen van de Heer..."

fred van der wal 07-07-2009 11:19

Omdat er dynamiek in het leven moet zitten heb ik al weer vanochtend een meneer

uit de favolijst gehaald want eigenlijk moeten daar alleen webloggers in die de ander goed gezind zijn en de Boze moet worden uitgebannen met of zonder een exorcisme.

Pijlen regelrecht het hart in boren, SuperIsis? Gewoon even een harnas even aantrekken en daar over heen een kogelvrij vest. Zo wordt een moderne vrouw een Untouchable.

Leuke film trouwens The Untouchables.

Fuddomd; ik realiseer me plotseling ook een Untouchable te zijn! Wat een ontdekking! Maar dan is alles toch opgelost?

Nee, we kunnen er weer helemaal tegen!

Wat Wim betreft; de spotters zitten in de poort

Die niet leidt to de Weg des behouds

Besnuffelen elke ontuchtige herenbips

Die voorbij

Of aftrekt

Who will pay the ferryman

Die koffie zet en over?

fred van der wal 07-07-2009 11:24

Wim

Eindelijk heb je de trancedentie van het bestaan doorzien!

Waren er maar meer als jij, Wim!

(zucht)

Men stelt zijn licht weer eens tevergeefs op

Waar?

Onder de korenmaat

Je krijgt het er van te kwaad

De I.M. (zucht 2)

I.M. meneer van de Wallen? Bedoel U dat boek van die kikkerkop Connie Palmpit?

U heeft er weer eens niets van begepen, meneer! (zucht 3)

I.M is de alom bekende afkorting van Ideale Man een begrip in The Lonely hearts Club de Mediterranéee Hoppakee. In die club lezen ze trouwens alleen De Telegraaf. (zucht 4)

Zwollywood 07-07-2009 12:13

hieronder de taalgecorrigeerde reactie

Zwollywood 07-07-2009 12:13

IN MEMORIAM..........gelukkig niet he ...had nu de reactie van het weideblaadje laten staan,.....dan had iedereen de inhoud kunnen lezen.....en je besluit te

bannen beter kunnen begrijpen.

Maar alhier is geen uitleg nodig Fred.

Vraagje: Ga jij de Friese elfstedentocht nog lopen deze zomer......? Of de vierdaagse in Nijmegen misschien?.
Ik ga dadelijk rossen.....in de bossen. 8 km Nordic Walken....haha...doe je mij niet na denk ik.

fred van der wal 07-07-2009 12:28

Zwollywood!!!! Hoe kan dat nou allemaal????

Laat ik nou altijd gedacht hebben dat die elf stedentocht geschaatst werd en niet gelopen of deden ze maar net alsof ze schaatsten met die rare bewegingen.

Het is toch veel te ver 200 km op één dag? Als het er nou 199 waren geweest, ja,geen probleem.

De 4 daagse? Ik houd niet van massa manifestaties.

8 km lopen is niet een probleem maar met die Nordic saté pennen wel. Ik zou niet weten hoe ze te hanteren. Je moet daar les in hebben gehad en een diploma stokvechten als je andere Nordic Wokkers tegen komt. Zeker weten. Is Nordic Walking geen sport waarvoor je een belachelijke uitmonstering nodig hebt met disfunctionele prikstokken?

Een goede, woeste wandeling. Wuthering Heights.

fred van der wal 07-07-2009 15:57

De reactie van Klaverblad heb ik vanwege het beledigende karakter weg moeten halen. Ik tolereer geen polarisatie op mijn weblog en wens geen beledigingen te accepteren. Het is genoeg geweest.

curunir 07-07-2009 23:15

Ach Fred, blijf toch. Ik vind je een van de interessantste en verrassende

bloggers van VKblog. Een 'enfant terrible' heb je in elk systeem nodig.

Bovendien schrijf je regelmatig logs met inhoudelijke of literaire waarde.

Overweeg anders de frequentie van posten wat terug te schroeven? Wat meer afstand nemen?

fred van der wal 08-07-2009 10:37

Beste Curunir

Dank voor sympa reactie. Je reactie geeft me , net als andere bemoedigende reacties, aanleiding een en ander te overdenken. Het webloggen is drie jaar lang heel intensief geweest en door er heel betrokken bij te zijn geweest ook heel vermoeiend en tijd vretend. Verscheidene mensen gaan mij aan het hart, maar soms werd een "vriend" een vijand, diverse openlijke aanvallen en manipulaties om me te verwijderen hakken er aardig in, mijn incasseringsvermogen loopt terug zoals een weblogger terecht op merkte, het gedurend enige tijd verwijderen van Isis Nedloni, één van de meest bezochte weblogsters, was voor mij een persoonlijk verlies dat ik heel moeilijk te verwerken vond, alhoewel zij nu heeft kunnen terug keren, vraag ik mij af of het op 't weblog weer zo zal worden als vroeger, de nieuwe formule die het weblog nu heeft en voor velen een verbetering schijnt te zijn is wennen en het lijkt alsof het voorheen speelse element totaal weg is, allemaal zaken die mee spelen.

Openlijke aanvallen op mijn beeldend werk wegen voor mij nog het zwaarst omdat ik daarin geen valse pretenties hanteer en zo goed mogelijk verricht met een grote mate van integriteit. Van collegas uit het veld der kunsten ,valt met een heel sporadische uitzondering niets te verwachten dan agressie, jaloezie, haat, achterdocht en manipulatie zoals

ik sinds 1965 ervaar.

De geboden voorzichtigheid waarmee ik reacties zal moeten neer zetten bij Isis Nedloni verhoogt mijn vreugde niet erg, maar het is noodzakelijk om terug te kunnen keren op de "aanbevelingen" en "meeste reacties lijst" waar ik voor onbepaalde tijd geen deel aan kan nemen na klachten van webloggers.

Vermoeidheid van mijn kant slaat toe en eist zijn tol. Regelmatige twijfel aan de zin van het webloggen en mijn aanwezigheid op het weblog kunnen inderdaad alleen worden weg genomen door reacties zoals die van jou, waarvoor mijn dank.

Mardi 7 juillet 2009 16:22

Geeft mijn Franse ordinateur aan. Bevalt me prima gestopt te zijn met webloggen! Scheelt heel wat tijdwinst ook nog! En het werd toch ook tijd voor een Nieuwe Lente, Een Nieuw Geluid! Even de maarschalkstaf door geven aan de jongere webloggers generatie, maar niet na die eerst in tweeën te hebben gebroken want Ons binn'n zuunig en niet goed, maar wel gek, net als de Zeeuwen en voor niks gaat de zon op en treedt een kunstenaarsubsidie in werking, wat ik die vlotte boys en moderne meisjes natuurlijk heel erg gun want de staatsruif is er voor iedereen.

Ruimte scheppen voor de behoeftige medemens die naar adem hapt bij het schoon springen en disco zwemmen, maar als je even niet op let douw ik je kopje onder en houd je daar net zo lang tot ik geen bellen meer zie, want aan al die uitgestoten CO_2 heb ik namelijk geen boodschap, daar zijn heel wat sociaal relevante weblogs aan gewijd. Het mag misschien wat cru lijken, maar waar gehakt wordt vallen spaanders, vandaar dat onder water douwen in het zwembad. Zo lang ze hun bad broekje maar aan houden in hun doodsstrijd. En toch ben ik uiteindelijk zo dol op de mensen an sich. Als ware gristen ook op die mij verwensen.

Mail van Belgische uitgever over de gedichtenbundel waar ik met het gedicht 'Faded Memories' in sta.

Mails uitgewisseld met Isis Nedloni.

Mercredi 8 juillet 2009 11:05

Gistermiddag bouwmaterialen besteld latten, plâtre isoléee en een partij vloerdelen niet aanwezig in de zaal in Entrains dus weken wachten weer eens op het spul. gezellig, dus ook weken uitstel afbouwen van dit huis. De electrische aansluitingen zijn klaar, nu de rest nog.
Anneke Koster belt, om vrijdag afspraak in Cosne met zijn vieren te maken, hapje eten, drankje drinken. Zoals dat gaat in de Bourgogne, waar het leven licht, luchtig en lollig is.
Donderdag de van Grootheestjes op bezoek.
FOTOS OPGESTUURD NAAR DE DRUKKER VOOR DE BIJLAGE VAN DE CATALOGUS NEDERLANDSE KRING VAN TEKENAARS. Als een niet nader te noemen collegaatje dit leest belt ie weer eens stad en land af om te beweren dat het niet waar is.
Verder geschilderd aan mijn nieuwe schilderij.
Mail van Nederlandse uitgever Tekeningen catalogus dat alles in goede orde is ontvangen voor de bijlage. Mails uitgewisseld met Isis Nedloni.

Vendredi 10 Juillet 20:05

Half zeven opgestaan. Isis gemaild. Om elf uur naar Cosne, Lidl bood-
schappen gedaan, Wim en Anneke Koster tegen gekomen bij de Lidl,
klein computer buro gekocht, afgesproken bij het café naast de Mairie,
kofie verkeerd gedronken, daar na naar Café La Pause om hapje te eten;
Het is er stiller dan normaal. Na afloop naar de Auchan, streepjesbroek
gekocht, naar een bouwmarkt om tube Ultramarijn te kopen, hadden ze
niet meer, zinken tuintafel gekocht, Misja belt, Yvonne van Rob belt.
Naar Uur van de Wolf gekeken met optredens van Janis Joplin, Buddy
Guy, The Gratefull Dead, The Band e.a. uit 1970.

Samedi 11 juillet 7:30

Opgestaan en het hek van de tuin open gemaakt . Daarna schilderen aan
nieuw schilderijtje van 40 X 50 CM. Mails van Isis Nedloni en mail van Ga-
leriehoudster/Kunstenares Renee Samuel uit zuid Frankrijk met fotos van
haar kinderen, werk en tuin. Renee is de dochter van de bekende organi-
sator/grafisch ontwerper/ galeriehouder John Cordell.

Dimanche 12 juillet 7:00

Mail van Renee Samuel met excerpt boek Being Nice. Simon Vinkenoog
overleden. Bij diverse reactieruimtes zet ik de volgende tekst:

fred van der wal 12-07-2009 17:49

Simon had een goede schrijver kunnen worden als we als maatstaf zijn
eerste drie boeken nemen; Daarna het gewauwel over esoterische non-
sens, drugs en Liefde Liefde Liefde werd Simon niet meer serieus geno-

men. Wie beweert dat Simon een "belangrijke schrijver" was zet een levensgroot vraagteken achter zijn of haar eigen productie.

De versjes van Simon, lichter dan licht, waarbij Light Verse de zwaarte van een Loden Zeppelin heeft , werden terecht afgewezen door Criterium waar Hermans en Morriën een belangrijke stem in hadden.Ik heb Simon februari 1966 in Haarlem nog eens mee gemaakt bij een opening van een tentoon stelling in De Ark van een Haarlemse kunstenaar waar het al snel slecht mee af liep zoals met menig lid van de Kennemer Kliek. Ik vond het raadzaam mij niet te voegen bij het Leidseplein gezelschap van niksnut-ten rond Vinkenoog die half Amsterdam aan de drugs heeft geholpen met zijn propaganda in the sixties voor LSD en hield mijn glas bier of wijn altijd goed in de gaten als ik in gezelschap van Vinkenoog aanhangers was.

Mijn oudste dochter Misja heeft een avond doorgebracht in gezelschap met Simon en erg veel kunnen lachen met die mafketel. Misschien is het meest belangwekkende aan Simon Vinkenoog zijn uitgebreide Documen-tatie uit de Cobra tijd en zijn bemoeienis met de Vijftigers. Het tot stand komen van Atonaal zie ik als een mijlpaal in de naoorlogse dichtkunst. Al met al het verlies van een markante figuur die een leegte achter laat die helaas door niemand gevuld zal worden. Ik had Simon nog minstens 15 jaar gegund. Het einde van menig mens is zo ontzettend tragisch dat wie daar te lang bij stil staat alle hoop laat varen.

Lundi 13 juillet 6:30

Vroeg opgestaan en aan schilderij gewerkt. Om half drie naar Cosne een tafel ophalen en een tubetje olieverf van LeFranc Rouge Vermillion serie 4 20 ml. Meer dan acht euro voor die klein tube! In de tuin uurtje bra-menstruiken en bomen kappen om ruimte te krijgen.

Mardi 14 juillet 10:18

Reactie neer gezet op weblog Zich van verre en op weblog Jan Bouma. Mail Isis Nedloni. Mail uitgever Jan W. op weblog gezet dat in de nieuw bundel een gedicht van mij staat gepubliceerd. Vermeld met opzet niet zijn volledige naam, anders is er weer een stalkend collegaatje die als gedrogeerde Oxazepam senuwelijer half Nederland gaat opbellen om laster over mij te verspreiden. Geschilderd aan mijn laatste zelfportret. 's Avonds nog een uur in de tuin gwerkt, bomen omgezaagd, bevalt me goed, die tuintaak. Mail van Renee Cordell; om kwart over elf naar uitzending over Simon Vinkenoog kijken.

Mercredi 15 juillet 16:44

Naar Tour de France gekeken die door Sancerre, Donzy, Ciez, Pouilly, Entrains sur Nohain komt, allemaal hier in de buurt. Naar herhaling op internet gekeken van "Diary of a Times Square Thief". Voor een grote stadsbewoner uit het artistieke milieu van de sixties en seventies herkenbare stuff.

Jeudi 16 juillet 17:05

Warm, erg warm, drukkend weer; Om uur of acht begint een storm met onweer, giet van de regen, het licht valt uit, kaarsen aan. Om uur of elf voorbij.

Vendredi 17 juillet 10:33

Een grote boom van acht meter hoogte met een enorme bladerkroon aan de achterkant van het huis is afgebroken. Uren werk om de ravage

op te ruimen. Zes jaar geleden plantte ik de boom die toen dertig centi-
meter hoog was. Jammer!

Samedi 18 juillet 20:14

Bezoek gehad van huisarts A. van E. uit Entrains sur Nohain. Intervjoe Ina
gecorrigeerd. Sancerre en Poully Fumé geschonken. Verder geschilderd
aan zelfportret.

Dimanche 19 juillet 18:17

VPRO boeken gekeken. Tuin bomen gesnoeid. Geschilderd aan zelfportret. Weblogbijdrage op Writeshistory geplaatst. Reacties gegeven op
Volkskrantblog en Basic Publishing waar ik nu de 110000 downloads heb
bereikt. Isis Nedloni gemaild.

Isis Nedloni 08-07-2009 14:03

Mmmmm....neem een ontspannen pauze...en daarna weer vrolijk
verder....en kunnen

we altijd reageren naar elkaar hoe we reageerden...daar gaat het niet
om....het

gaat meer om de veelvuldigheid die we hanteerden....plus de verwarring
die

ontstond bij het slecht fungerende blog in de begin fase van de opbouw
heeft

kwade tongen doen spreken.....dat te samen met mijn clumsie knopjes
gedruk...is

de stigma weer gezet.

Maar we gaan door mn lief.

We gaan altijd door.

Ook met spelen naar elkaar....alleen iets minder.....soms...gingen we echt hard....dartelend

rondom elkaar zonder echte kwade bedoelingen...meer het speelse element liet ons

zo dartelen....door de liefde...door de liefde....en...er zijn meerdere bloggers

die frequent bij elkaar reageren...zie bijvoorbeeld bij Aad Verbaast.....daar is

de groep ietsjes groter en zijn er waarschijnlijk geen kwade of klagende tongen.....

dag mn lief...we gaan gewoon door....

Want...we zijn flexibele wezensxxxxxxxxxxxxxxxxxzoenvis

fred van der wal 08-07-2009 14:06

Klagende tongen zijn vurige tongen

de vlammen van uit de hel

die trekken aan de alarm bel

zoals wij eens onze liedjes zongen

zijn we nu lelijk weg gedrongen

Isis Nedloni 08-07-2009 16:35

Nou...zeg dat....darling taalbeest...zeg dat...... het is knap heimwee-erig zo.

45

En heeft het de swung gedood.....

onze unieke swung.

Gelukkig is het maar tijdelijk.

Erg naar.

Erg grauw.

Ik mis je nog meer

dan ik al deed

mn lief

Ik mis je nog meer dan ik al deed.....

XXXXXXXXXzoenvis

fred van der wal 08-07-2009 16:44

Nou tijdelijk?

we zijn voor onbepaalde tijd gewipt

van het reactie en aanbuffel veld

en zijn we daar nou blij mee?

Nee daar benne we helemaal niet bij mee

en wie gaat ons blij maken?

Hoezee Hoezee

dat kan alleen GJB

jan bouma 09-07-2009 09:04

@Fred

@Isis

@Allen

1) Ik dacht dat GJB "ontslagen" was... (?)

2) Schreef in 'n reactie op mijn blog over het k.o. gaan het volgende:

a) Wie is de scheidsrechter die het k.o. vaststelt?

b) En wanneer begint hij te tellen? (Ik word over eeuwen pas ge- en beoordeeld!)

Waarmee ik zeggen wil dat ik toch nog wel graag even me rekenschap geef WIE mij

"k.o. wil laten gaan!" En wanneer dat tijdstip zou moeten ingaan...

Ergo...: "who the hell zijn nu wel mijn tegenstanders?"

Zij diskwalificeren zichzelf door mij de mond te willen snoeren..

Dus... VAN DER WALLEN...... WIJ LATEN ONS NIET, NOOIT INTIMIDEREN!

@Isis... (14:03) ik begrijp werkelijk ook niet jouw (min of meer)

verontschuldigde toon over wat je schrijft (naar Fred) of wie ook... Al die zure droogkloten die daar niet tegen kunnen zouden hun frustraties niet op jou moeten afreageren!

Genoeg! Fred... dit was m'n laatste pleidooi... En ik denk sterk en krachtig

genoeg voor de rest van je leven.. Op naar je volgende blog! Alleen misschien met 'n wat mindere frequentie... want dat is ook een ongelooflijke opgave. Maar ik spreek voor mezelf..; dat moet jezelf weten of je veel/minder/meer wilt gaan schrijven... Vrijheid - Blijheid!

Kijk maar! Groet! JB

fred van der wal 09-07-2009 09:45

Beste JB

Dank voor je morele support mag ik allereerst wel even uitbrengen. De feiten zijn dat door veelvuldig reageren door mij bij Isis en vice versa de plaats op de reactiepagina ten onrechte vaak door ons werd bepaald. Tevens heb ik diverse malen de groene knop gebruikt bij eigen bijdrages. Dat is dus zeker manipulatie,dat zal ik niet ontkennen. Indien een waarschuwend mailtje was uitgegaan van de redactie had ik dat uiteraard opgevolgd. De ernst van de situatie zag ik niet direct echt helemaal in. Nu is het geen ramp om voor onbepaalde tijd niet langer op beide genoemde paginas te komen, maar leuk is het ook niet.

Je hebt een sterk punt wat Isis betreft in haar vaak verontschuldigende toon waardoor webloggers ge makkelijk op de loop kunnen gaan met haar argumentaties, zodat een betoog wordt ondergraven. Mijn standpunt is anders. Het is wel zeker dat Isis een kwetsbaarder weblogger is dan ik ben en als "verwond dier...pardon, mens" veel meer behoefte heeft aan vriendschap, loyaliteit, waardering, erkenning, applaus dan ik verwacht of nodig heb. Veertig jaar beeldend kunstenaarschap maken je daar totaal ongevoelig voor en in het algemeen gesproken is andermans/ andervrouws rancune de benzine die mijn viertkatmotortje doet lopen en zo hoort het ook.

De intensiviteit van het webloggen, de tijd die het vreet, de onheuse, agressieve aanvallen met het doel mij onderuit te halen of weg te krijgen verbazen mij, zeker als deze handeingen door zogenaamde "collegas" worden verricht nopen mij tot even wat gas terug nemen. Voorts vraag ik

me af of sterk ego gerichte bijdrages zoals ik die schreef nog wel wense-
lijk zijn op het Vkblog of dat de redactie een verandering van het weblog
karakter in sociaal politieke richting prefereert. Het zijn zo maar wat
gedachtes.

De tijd zal het leren.

jan bouma 09-07-2009 11:22

@Fred... ik ben zo onnozel en van blote billen schoon dat ik niks snap van
je toegegeven "manipulaties met knoppen zus en of zo..." Tsja.. dat mag
natuurlijk niet. Voor de rest vind ik dat redacties zich niet met de inhoud
moeten bemoeien die bloggers schrijven. Ook niet moeten "dirigeren"
voor of tegen trend zus en of zo. Het is namelijk het begin van het einde.
Behoudens de oproepen tot geweld mag en kan alles wat mij betreft geschreven worden. Ga je "te narcistisch om met de eigen positie" wordt je
dat wel ingepeperd als dat betekent dat je gewoon je Kop boven maaiveld steekt! Die moet er dan af!

Het niveau waarop je afgerekend wordt is het "moerasniveau" van de
gemiddelde criticaster dus... daar houd ik rekening mee.

Wat @Isis betreft: idem. Maar ik ben blij dat je me gelijk geeft. Dat mens
is een verademing in vergelijking met de grauwe middelmaat!

fred van der wal 09-07-2009 11:57

Ik heb gewoon op die groene knop gedrukt. Ik dacht dat het toch niet
veel uitmaakte. Een teveel aan reacties zetten bij anderen heeft een po-
sitief effect op de positionering van een bijdrage op de reactie pagina. Ik
zag dat als bij effect meer dan als doel op zichzelf. Isis en ik reageren
sinds 2006 uitvoerig op elkaar en kunnen het ook in het alledaagse leven
aardig met elkaar vinden om een eufemisme te gebruiken.Ik geloof niet

dat er een andere reden was dan voornoemde om me al of niet tijdelijk van de reactie pagina af te houden en ik til er niet zo zwaar meer aan alhoewel ik wel even schrok van de maatregel en wilde ophouden met webloggen.

Jahaha, kop er af, maar een kop groeit zo weer aan, zeker in het moerasveld.

Mijn narcisme is grotendeels gespeeld. Ik houd wel van de betiteling

moerasmannetje die Alib onlangs veranderde in Veenmannetje (laagveen of hoogveen?). Humor en helderheid waardeer ik ook op deze punten zeer.

Jezzebel 09-07-2009 20:29

@Fred je lult dat je groen en rood ziet.

Dat weet je zelf ook wel.

Waar is je laatste werk?

Meneer van de Wal.

Wat een kutnaam.

Om waar te maken.

Isis Nedloni 09-07-2009 20:38

@Jezzebel

Nee, hoor Jezzebel, Fred lult helemaal niet dat hij groen en rood ziet.

Hij is een goudeerlijk authenthiek mens met veel humor en veel hersens en ontzettend veel warmte.

En is het niet erg stijlvol 'to hit a man who has fallen', om maar even via de metaforen te duikelen.

Waarom er sancties zijn vind je ook uitgebreid op mijn bijdrage via de link in mijn naam.

Als er twee mensen op het blog transparant zijn met fotos, CV's gegevens, woorden, geschiedenissen en beeldend werk...dan zijn wij het wel....

Lees het artikel en alles is duidelijk....

Waarom je nu ineens zo doet is me een raadsel....en zal altijd een raadsel blijven....Ik had meer respect verwacht

Het ga je goed.

fred van der wal 09-07-2009 20:54

Ik vind het spijtig dat het zo loopt, maar heb Mevrouw Jezzebel een IP ban gegeven. De reden is wel duidelijk, daar hoef ik het verder niet over te hebben. Verdere discussie is onnodig.

fred van der wal 09-07-2009 20:57

Beste Jan,

Vroeg of laat zullen we elkaar in real life spreken, vermoed ik hetgeen ik constructief acht en Isis ook.

Jezzebel 10-07-2009 08:01

Fred, goedemorgen.

Ik wil mijn excuses aanbieden voor hoe ik hier tekeer ben gegaan.

Dit had niet mogen gebeuren.

Het is lelijk en je hebt het niet verdiend.

Het spijt me.

fred van der wal 10-07-2009 08:37

Dag Jezz,

Geaccepteerd. Geen probleem. Als je er prijs op stelt haal ik je eerste reactie weg.

koek 10-07-2009 09:15

als al die steunbetuigers nu een verzoek indienen om dit terug te draaien

"putting the money where the mouth is"

want genoeg woorden nu

waar kan ik dit naar toe zenden?

misja 10-07-2009 09:41

@koek: mee eens,het wordt nu tijd voor actie!

het lijkt wel een fucking kleuterklas met de redactie als schoolmeester!

pap,kom aub weer gauw terug hier....het is anders zo saaaaaaaai....

fred van der wal 10-07-2009 09:52

Misja,

Jouw Paps komt alleen terug als de lieve kinderen alles doen wat paps zegt en paps ook nog een heel mooi groot kado geven met een grote rooie strik er om, het moet ook heel groot en duur zijn en niet breekbaar want paps laat steeds maar weer van alles uit zijn bevende handen vallen, dat komt er allemaal van en als het valt dan is het stuk en wat stuk is kan niet meer worden gelijmd, want een vogeltje met een gebroken vleugeltje zal nooit meer zo hoog vliegen als voorheen. Dat is allemaal heel symbolisch volgens mij en daar ken je een verhaal uit wringen. Laat ik nou helemaal geen vleugeltjes hebben, dus waar heb ik het dan over? Wat zullen we nou weer beleven? En ik wil helemaal geen kado, dus inpakken en weg wezen.

Zoals onze jongste dochter Natasja eens zei tegen een bezoekster; en stop die kados ook maar in je dikke reet! Nou, dat heeft zij toen gedaan en ging maar weer naar huis met een volle reet.

fred van der wal 10-07-2009 09:53

Beste Koek,

Voor sommige zaken des levens is geloof ik geen oplossing.

Jezzebel 10-07-2009 10:04

@Fred, je hoeft het niet weg te halen.

Ik schoot uit, het was lelijk.

Ik ben er niet trots op.

Maar dit is wat ik deed.

fred van der wal 10-07-2009 10:07

Jezz

Het is niet zo ernstig

het is altijd goed

als de mens zich

uit spreekt

van sommige webloggers

kan ik wat meer

hebben dan van andere

is me dat niet

merkwaardig?

misja 10-07-2009 10:57

hahaha...toevallig ken ik die bezoekster erg goed....

het grappige eraan is

dat die bezoekster helemaal geen dikke reet heeft,

sterker nog,

voor ik het vergeet

had ze maar een bolle reet!

er zit niets, het is een in de loop der jaren een steeds meer afgevlakt

gebied geworden,

nog even en het gaat op een holte lijken!

als bij mij ooit het vlees van deze plek verdwijnt haal ik een push-up slip
met vulling,

wat de bezoekster overigens zo van mij kan krijgen,

maar ze wil niet.....

Isis Nedloni 10-07-2009 11:06

Hahaha...heerlijke reactieruimte...en is het weer een geluk dat het i.p. ban

systeem het op het nieuwe weblog niet doet...

anders had de prettige dialoog met Jezzebel niet kunnen ontstaan...en is dit een voorbeeld van excuses een goed voorbeeld...

dat deed ik in het verleden ook eens met jou Jezzebel...toen floepte er

plotseling ook iets uit mijn mond.....jammer dat je toen niet zo reageerde zoals

je nu doet...Maar zand erover....het is alweer zolang geleden....enfin en gedane

zaken nemen geen keer...een mens is een lerend wezen...

Hahahah...Lieve Misja...hahaha...dat is een goeie...een push-up billen slip...hahahaha...schitterend!

Zo'n grote tenten onderbroek met een dikke laag schuimrubber waarin de mooie ronde billen uitstekend zijn ingeboetseerd......hahaha...goed idee!

We kunnen zo een patent aanvragen en een push up billen slip zaakje beginnen.

Wat zal dat een hilariteit in de wachtkamers te weeg brengen... hahahaha....

LIEFS

Isis

fred van der wal 10-07-2009 17:04

Misja bedoelt I. daarmee, niet de I. uit Z. maar die ene X. uit S., die inderdaad geen billen heeft, die stond achteraan bij de billen afdeling in de VGBH.

Wat is de VGBH meneer van de Wallen met die kutnaam?

De VGBH is een uitdeelcentrum van de Voor-Ge-Boortelijke-Hemel waar de echt mooie meisjes uit het rek met de lekkerste tieten en bolste billen, vooruitstekende verse venusheuvels en prima sappige pruimpjes, plus uit de graaibak met de mooiste schaamlippen op ijs mogen kiezen en daar net zo lang over mogen doen als ze zelf willen. Duurt het bijvobbuld bij het tieten rek maar 100 jaar, kan het bij de Mega fopkutten kast wel duizend jaar duren tot het juiste passende model is gevonden dat er meteen aan vast wordt gekit met epoxy door een engel, met stootvast certificaat van de Consumenten bond voor een levenslange garantie tegen los laten in de lift.

Stel eens dat in het Empire State Building de lift opeens met Mach3 naar boven schiet en een venus heuvel zit niet helemaal goed vast geplakt dan ploft zo'n ding dwars door de tanga gewoon op de vloer met een doffe klap, zo ongeveer hetzelfde geluid wanneer je een blauwe, lillende kwal met je strand schepje opschept en op de blote buik van een oud, vet, lelijk wijf met een pisboog gooit en dan hard weg rent, zoals ik en mijn vriendjes altijd deden aan het Zandvoortste strand. Of het blijft aan een paar zenuwedraadjes en zenuwpezen hangen zodat het op zijn best een overjarig model hangkut wordt, dan kan je met je poesje toch niet meer fatsoenlijk op de kermis gaan staan bij de achtbaan?

Hooguit in het Spookhuis! Als kleine jongetjes dat dan in het donker in het Spookpaleis voor hun neus zien op doemen weet je zeker dat het later allemaal homootjes worden door de psychische shock.

oliphant 10-07-2009 20:09

Nou, daar sta ik dan van te kijken. Wat me bevreemdt, is het geband worden vanwege contcten met een medeblogger. Ieder zijn ding. Dat er anderen geband worden vanwege irritante uitlatingen is terecht. Ik heb die persoon KI al lang geband, for ever, hoe lang dat ook is, Fred. Verder snap ik die monsterlijke uitlating van een bepaalde schrijfster niet, maar gelukkig zijn er excuses aangeboden.
Als je je geneert om toch weer door te gaan, geef je ons maar de schuld. Je doet het in ieder geval niet zo stiekem als diezelfde KI. Later werd het zelfs zijn hobby, dus je hoeft je zeker niet te schamen.
Het word tijd dat ik eens Couloutre kom bezoeken in de loop van de volgende week.
Mondeling kun je wat vlotter uit de voeten:-)

Wat ik het belangrijkst vind van je aanwezigheid? Je praat over veel zaken, boeken, kunst, mensen, enz en dat alles uit je herinnering/ ervaring/ kunstenaarschap/gedrevenheid.

Je hebt nog nooit Wikipedia genoemd en je hebt geen links nodig om lekker tegen misstanden te schoppen. Doorgaan, zou ik zeggen. Of, sprekend met Maurice de O.H., ik zou zeggen: DOEN!

Groets. O.

jan bouma 10-07-2009 20:13

Stel... je bent wat knikkenbollend de grote Volkskrant aan het lezen op de voorpagina... Obama zus en zo en ook Sarkozy weet van wanten want

Merkel doet het toch met Poetin... kortom... je leest knikkenbollend verder als volgt ...blaaaaaaaaaaa,

slaap,

blaaaaaaaaaaaaaaaaaaaaaaaaaaaaaaaaaaaaaaaaaaaaaaaaaaaaaaaaaaaaaa aaaaaaaaaaaaaaaaaaaaaaaaaaaaaaaaaaaaaaaaaaaaaaaaaaaaaaaaaaaaaaaa aaaaaaaaaaaaaaaaaaaaaaaaaaaaaaaaaaaaaaaaaaaaaaaaaaaaaaaaaaaaaaaa aaaaaaaaaaaaaaaaaaaaaaaaaaaaaaaaaaaaaaaaaaaaaaaaaaaaaaaaaaaaaaaa aaaaaaaaaaaaaaaaaaaaaaaaaaaaaaaaaaaaaaaa,

slaap. en dan ineens een halve pagina naar beneden wordt je klaar wakker geschud door een zetfout van de tekst in de grote krantenfabriek want ineens leest de lezer dan... (quote)

==Stel eens dat in het Empire State Building de lift opeens met Mach3 naar boven schiet en een venus heuvel zit niet helemaal goed vast geplakt dan ploft zo'n ding dwars door de tanga gewoon op de vloer met een doffe klap, zo ongeveer hetzelfde geluid wanneer je een blauwe, lillende kwal met je strand- schepje opschept en op de blote buik van een oud, vet, lelijk wijf met een pis-boog gooit en dan hard weg rent, zoals ik en mijn vriendjes altijd deden aan het Zandvoortste strand. Of het blijft aan een paar zenuwedraadjes en zenuwpezen hangen zodat het op zijn best een overjarig model hangkut wordt, dan kan je met je poesje toch niet meer fatsoenlijk op de kermis gaan staan bij de achtbaan? Hooguit in het Spookhuis!==

unquote

Hahahahhahahahahahaha... Kijk! Dat vind ik nou de moeite waard om te lezen....:

dus...... VAN DER WALLEN ; HOOFDREDACTEUR! Oplage gered van de VK..., VAN DER

WALLEN ook nog Vz Raad van Bestuur van het PCM-concern... de overige edities worden ook gered... VAN DER WALLEN voorzitter van mijn WERELDRAAD want... slechts de verbeelding kan ons nog redden.. Ik heb gezegd! JB

fred van der wal 10-07-2009 20:30

Goedenavond Oliphant,

Misschien is de reactie en aanbevelingenpagina ban van korte tijd. Bij beslissingen van de redactie hebben wij ons neer te leggen. Als vantevoren een waarschuwing was gestuurd had ik die wel opgevolgd. Ik zag er niet veel kwaad in om zoveel te reageren alhoewel het dan op een chat box gaat lijken, dat is ook weer waar. Kl heeft van mij een permanente ban uiteraard. Het is spijtig als iemand die je aanvankelijk vertrouwt achteraf dat vertrouwen niet waard is.

Ik snapte de uitlating van deze mevrouw ook niet, te meer daar ik haar kort tevoren een compliment voor een schilderij had gegeven. Wel accepteer ik excuses in deze of ze nou gemeend zijn of niet. Om gelijk de beledigde majesteit uit te gaan hangen is niet mijn ding en iemand kan altijd op zijn of haar schreden terug keren. Stel je voor dat iemand een glaasje teveel op heeft en dan naar het weblog zich keert met een kwade dronk? Dan valt er iets van te verwachten dat kant noch van der wal raakt.

Het webloggen gaat me wel wat moeilijker af en ik besef met meer serieuze stuff te moeten aankomen om geloofwaardig te blijven. Misschien heb ik het allemaal weer eens veel te licht opgenomen.

Verre wil ik blijven van partij politiek en met minder massale overwhelming aanvallen van ego boosting aan komen zetten om een wat rustiger toon te zetten.

Je bent hier welkom op een tijdstip dat je schikt. Mijn telefoonnummer heb ik door gemaild. Indien niet in het bezit van een TomTom is een afspraak midden in het dorp bij de kerk een oriëntatie punt waar je wordt opgehaald. Maison l'Ermitage ligt aan de rand van het dorp en is wat lastig te vinden.

De onterechte aanvallen van Kl in zijn bijdrage die hij heeft weg gehaald hebben Isis en mij niet veel vreugde gegeven. Verder wil ik mij niet in 's mans drijfveren of weblog uitingen meer verdiepen. Het is leuk geweest voor zo lang als het duurde.

fred van der wal 10-07-2009 20:36

Beste Jan,

Dat is erg vriendelijk dat je dat allemaal zegt maar een van der Wal moet als eenvoudige jongen van het platteland bescheiden blijven. Vanuit het Algemeen Belang en het Gezonde standpunt in zake algemeen gangabre arbeidsverhoudingen geloven wij dat die van der Wal geschikt is als portier, bezorger of bode, maar dan is het plafond wel bereikt.
Vanzelfsprekend in loonschaal 2 maar niet met kerstgratificatie of dertiende maand. Uniform gratis, haardracht kort en niet baard dragend om onze cliëntèle niet bij de poort al af te schrikken. Een voertuig van meer dan 17000 euro wordt niet getolereerd en opzichtige scmuck niet zichtbaar te dragen.

jan bouma 10-07-2009 20:42

'....toch nog weer kleinburgelijk en goed gereageerd Van der Wallen..... maar je snapt het. Zo blijf je wel met je kop beneden het maaiveld en zal er niemand over struikelen... ":))

lidy broersma 10-07-2009 22:00

Ik ben erg teleurgesteld. Wie moet me nu aan het schateren krijgen? Dat lukt verder niemand. In ieder geval, bedankt Fred!...

fred van der wal 11-07-2009 08:41

Beste Jan,

Als goed aangepaste oppassende burger op leeftijd, AOW gerechtigd, nog kwiek

terbeen maar met kleine gebreken en om die reden op gezette tijden monkelend in het park op een bankje tussen soortgenoten terwijl het kunstgebit op half zeven hangt zodat zelfs het verplichte mummelen niet meer vanzelf gaat. Het past een vertegenwoordiger van de Grijze Golf in alle Ootmoed en Need'righeid het hoofd te buigen in arre moede om wat niet meer is en nooit zal terugkomen (de Nieuwmarktbuurt) en rest hem slechts omzien in bitterheid gesmoord in veel tranen met tuiten, maar niet heus.

Op wonderlijke wijze gelukt het mij zonder enig probleem de fles de fles te laten en weken lang geen druppel te drinken, slechts bij social gathering wil meneer van de Wallen nog wel eens behoedzaam aan een glas wijn of bier nippen, doch met mate.

Nee, het pijpje bier wordt niet gelijk uit de fles aan de getuite lippen gezet zoals de boeren doen, maar in een behoorlijk glas uitgeschonken, waarbij ik Westmalle Dubbel prefereer boven de gewone blonde paardenpis van Heineken, die ze om die reden indertijd ontvoerden. Het zijn zulke verstandige jongens geweest die Cor van Hout en Holleeder, die zouden eigenlijk een lintje moeten krijgen van verdienste voor het Vaderland.

fred van der wal 11-07-2009 08:55

Lieve Lidy,

In Prinzip kommt aan alles een end, net als in de fillum, dat is allemaal waar, als we maar lang genoeg wachten. Zo zei mij een jaar of wat geleden en alhier vakantie houdende kantonrechter, een amateur schilderend, sjaggerijnig, gefrustreerd, grijs en grauw pvda mannetje, die mij niet echt goed gezind bleek geheel onverwacht:
"Hoeveel jaren heb jij eigenlijk nog te gaan?" vroeg het minkukel.
Ik schoot in de lach om de hondsbrutale vraag van deze botte overheidsdienaar, want meheer van de Wallen laat zich niet kennen. Je weet dat ik de gestudeerde Mensch immer verwijt aan AA te lijden. Hoe bedoel U zul U vragen? Alcoholics Anonymous? Nee, nee, driewerf neen! Gans anders.
AA is de algemeen gangbare afkorting Academische Arrogantie.

Zit meheer van de Wallen (wat een kutnaam volgens een mevrouw op het weblog, die zichzelf tooit met de naam van een oud testamentische dame die bedreven was in sex, afgodendienst, moord en magie en om die reden jammerlijk aan haar end kwam in het O.T. door vanaf het balkon door heur trouwe bedienden naar beneden te worden gejonast waarna de honden haar bloed op likten. Het zal je maar gebeuren, daar is toch geen lol meer aan te beleven?) soms zelf met problemen op dat gebied?
Nee, meheer van de Wallen zit toevallig nergens mee.
Niet langer zal hij de Toon Hermans uithangen of zich te buiten gaan aan gore praatjes op interseksjuweel/tekstuweel gebied.
Zei mij niet eens een fotograaf van hele leuke vakantiekiekjes tegen mij: Genoeg is genoeg.
Voor hem zelf gold dat echter niet als door de Staat gesubsidieerde kunstenaar, een tiepe dat in een oostblokdictatuur indertijd furore had kunnen maken vanwege zijn charmante glimlach waar helaas een jaloers, doortrapt karakter achter schuil ging.

Jezzebel 11-07-2009 09:03

@Fred, even in mannentaal:

Dat kutwijf komt weer zeiken.

Uit op een aanbeffer natuurlijk.

Maarreh... volgens mij valt er nog een verhaal te vertellen.

Kom nou meespelen. :-)

Dianne 11-07-2009 10:23

Het is weer gezellig, hier :)

fred van der wal 11-07-2009 10:45

Jezz

Ik beschouw jou niet als k*twijf

dat zou een karakterisering zijn

van een deel voor het geheel

een simplificatie

en een

pars pro toto waar

wij mannen

ons niet aan schuldig

mogen maken

willen wij ook als mens

gekenschetst worden

zouden er k*twijven bestaan

dan bestaan er ook

l*lkerels

voor mij ben

jij meer

een uitgesproken

persoonlijkheid

fred van der wal 11-07-2009 10:48

Dear Dianne

It's all in the game

denk ik wel eens

van de soep

die niet heet

gegeten wordt

wel jammer als er zoals gisteren

teveel

vermecelli

in zit

heldere soep

dat is

de enige basis

van het leven

Isis Nedloni 11-07-2009 14:05

Mmmmmm...ik blijf ons liefdevolle gedartel erg missen....en....als jij stopt
...dan

stop ik ook....

ik ben al weer genoeg gekwetst her en der door bijdragen en reactie-
velden en

sancties.....de lol....de vreugde is totaal weg....en is het blogplezier met
de

noorderzon vertrokken....mensen beseffen niet hoe schadelijk ze zijn
tegen

personen die niks verkeerds doen...ze beseffen niet dat ik iedere dag een
paar keer huil en de moed om door te gaan op het blog moet zoeken....
het hele valse spel kwetst!!!!!

Het is erg asociaal wat er met ons is gebeurd...ik heb er verdriet van .....
het gedartel compenseerde de afstand en het gemis....het is erg negatief
voor gevoelige mensen....wanneer is het psychologische spel voorbij?

Wanneer is er respect?

Wanneer is er vrede?

Wanneer gaat de rancune van de ander weg?

Wanneer stopt het raffinement?

Wanneer is alles weer beschaafd?

Als jij stopt m'n lief

Dan weet ik het niet meer

dan stop ik ook.

Heel simpel.

Ik ben alles zeer moe....

Onze liefde is toch niet kapot te krijgen.

XXXXXXXXXXXXXX

EEN BLOGMOEDE ZOENVIS

IN THE BLUES

fred van der wal 11-07-2009 15:00

Huilen?

Alleen huilen als het echt nodig is

in geval van overlijden, okee, één minuut

hartaanval op de tramhalte?

Nee!

Alleen belangstellend toe kijken of

ie paars wordt

verdrinking?

Niet na springen

wordt je giropasje alleen maar nat

en die leuke foto van mij

waar geen tweede van is

overdoos GHB in disco?

ze kenne de moord stikken

motten ze maar niet

die rotsooi slikken

aan het gas?

zo lang maar onder dekens

je eigen lucht is

dan is het goed

maar ik

ik moet serieus worden

zo lang je kan

bloggen

is er hoop

wat kan jou nou

gesijk van anderen schelen

Isis Nedloni 11-07-2009 16:13

Lieve schat....het gaat er niet om dat er veel reacties in een reactieruimte

staan van de interactie van mensen...daar gaat het niet om....

Waar de redactie bezwaar tegen had,

was het veelvuldig achter elkaar reageren door dezelfde persoon.....

een goed voorbeeld is wat lieve speelse Afi doet.....

kijk maar naar al de beelden onder elkaar.

Daar is bezwaar tegen gemaakt.

Er is een klacht ingediend door een verzuurde blogger.

Samen met mijn 'verkeerde' knopjes had men een reden tot sancties.

THAT'S ALL.

Verder chatten er tientallen bloggers in reactieruimtes.

Laat het nu tot je verstrooide brein doordringen please.....

Kijk maar naar de bovenelkaarstaande reacties van Afi (gewoon als voorbeeld)

Dat mag je niet meer doen....okay???????

Begrijp je de boodschap?

fred van der wal 11-07-2009 17:48

Lijkt me ook wel eigenlijk vanzelf spreken allemaal

nou ja we zien wel

hoe het loopt en waar het op uit loopt

ik ga even buiten zitten

en begrijp de boodschap

die nu langaam aan door dringt

maar ik heb ook

wel op de groene knop bij mezelf gedrukt

Isis Nedloni 11-07-2009 18:13

Op de groene knop mag je altijd drukken.... bij jezelf...bij anderen ....he...wat

een onzin als dat niet zou mogen....dat 'knopjes' gebeuren had niets met jou te maken.

Jiji kreeg een sanctie omdat je zgn met de reacties onder elkaar speelde (zie voorbeeld lieve afi) en ik kreeg een sanctie omdat ik een NUJIJ account had aangelegd

(zie linker knopjes vlakbij de reactiruimtes)

Er zijn meerdere bloggers die daar gebruik van maken...alleen ik mag dat niet.

Mmmmm...'k ga zo naar een feest in een natuurgebied.

En ben vanavond laat weer thuis.

Dan kijk ik nog op m'n mail.

Zolang ik niet de roos ben die je snoeit is alles best;)))))

XXXXXXXXXX

fred van der wal 11-07-2009 18:54

Dear Isis,

Ik ben net weer in huis van uit de tuin

kan een roos niet alleen bloeien

als die gesnoeid wordt

heb ik in een tuinboek gelezen

anders bloeit ie uit

tot ongekende hoogten

en knakt ie nog door

zijn steeltje

kun je nog knakken

knak dan mee

fred van der wal 11-07-2009 19:11

We zien wel hoe het allemaal uit pakt

veel enthousiasme om door te gaan

heb ik niet

J de Kat 16-07-2009 03:14

Fred, je lijdt gewoon aan bloglag.

Is wat aan te doen: meer drinken, later opstaan (om een uur of twee 's middags) en de dag wijden aan het repertoire dat je bijna helemaal bovenaan je afscheidsbrief hebt beschreven. Schrap het internet en de pc om de dag uit dat overzicht - onderhoud op die dagen het contact met je Isis telefonisch of per duif.
Je leeft toch niet in Frankrijk, als een god, om te eindigen door internet-kanker?
Op de dagen dat je wél aan de pc zit beperk je je schrijftijd tot vier keer vijf minuten, gespreid over de dag. Publiceer het resultaat 1 keer. Als je dan toch denkt: hier kan nog meer bij: niet doen.
Neem nog een borrel of een fles wijn en verzink in gepeins. Veel lachen om wat je hebt geschreven is gezond, maar niet zoveel als Simon V.

Ik vond veel van wat je hebt geschreven de moeite van het lezen waard, maar het was veel te veel voor mij. Er zijn al teveel schrijvers die teveel schrijven. Schrijf iets dat blijft.

groet van de kat,

geen kat.

fred van der wal 16-07-2009 08:36

@J de Kat

aan een kat

mag ik geen hondse reactie geven

ik kan kwispelen

ik kan kwijlen

ik kan blaffen

maar wil geen haal over

mijn snuit

van een Kat

stel je voor

heb je vandaag nog

de kattenkrabziekte

fred van der wal 16-07-2009 11:34

J de Kat

Ik lijd niet aan bloglag

jetlag al helemaal niet

want ik weiger te vliegen

lijd meer aan bloglach

Jezzebel 16-07-2009 19:02

Fred, wat kan ik dan nog zeggen?

Ik mis je?

Misschien kun je erom lachen. :-)

Kom je weer meespelen?

fred van der wal 16-07-2009 19:58

Jezzebel

met alle respect

Hoe stel jij je dat voor?

In welk opzicht?

Why?

Jezzebel 17-07-2009 05:34

@Fred, ik bedoelde te zeggen.

Dat ik het fijn vind om je bijdrages te lezen.

Dat de reacties die ik van je tegenkom

her en der me vaak aan het denken zetten.

En dat het blog soms een speeltuin is.

Maar ik hou erg van creatie.

Daarom blijf ik zo vaak bij kunstenaars hangen.

Kom je weer schrijven, wilde ik vragen.

Je woorden, net als je beelden, zijn mooi.

fred van der wal 17-07-2009 08:51

Geachte Jezzebel

Zoals je weet volg ik regelmatig je weblog, dat gelukkig niet behoort tot de doorsnee. Je keuze van beeldend materiaal is vrijwel zonder uitzondering interessant en diverse afbeeldingen van kunstenaars kende ik niet. Wat je eigen beeldend werk betreft heb ik daar al eens een positieve mail aan gewijd.

Je speelse uitnodiging met veel vreugde ontvangen, waarna ik mijn klederen verscheurde en as op mijn hoofd strooide om vervolgens mijzelve met een potscherf te krabben-je moet toch wat- hetgeen jou bekend moet voorkomen uit het boek Job.

Ik kon mijzelve nog net weerhouden een kaddisj voor een weblog te houden.

Als volwassenen worden wij voorts geacht niet meer de speeltuin te bezoeken.

Wippen met derden is streng verboden zonder toezicht van een begeleider, de draaimolen van het bestaan taboe, de glijbaan met zijn tweetjes niet aan te bevelen, voor je het weet is er als bloedoffer een knie geschaafd of een tand door de lip.

Binnen of buiten spelen is daarom niet eenvoudig, zelfs niet als je jouw knikkerpotje met je stuiters meeneemt.

Wat beteft de machinaties op het menselijke vlak mag ik je het boek Koningen aanbevelen.

Isis Nedloni 17-07-2009 11:35

Weledelgestrenge miss sbs6 Jezzebell,

Zou je zo vriendelijk willen zijn je lokgeroep te willen staken op het

reactieveld mijner geliefde.

Je hebt ons in het verleden jaar in, jaar uit, alleen maar rode pijlen

toegeworpen...ook via de redactie en mijn prive stalker alhier....om groene pijlen te verdienen moet je toch wel van erg erg goede huize komen.....en dat kom je voorlopig niet.....

DUS.......zou je dus zo vriendelijk willen zijn je lokgeroep te willen staken?

Het is allemaal erg doorzichtig en niet gemeend....zo ervaar ik het.

Indien je dat niet doet wordt de toegang je op deze reactieruimte je ontzegd..

Waarom ga je niet op hyves spelen?

Daar zul je de koningin van de koninginnen zijn.

Veel plezier daar.

Met vriendelijke groet

Isis Nedloni

fred van der wal 17-07-2009 12:18

Wie weet begin ik vandaag of morgen weer met het bloggen.

Isis Nedloni 17-07-2009 13:06

JA.....HEERLIJK!!!!!!

NATUURLIJK

LOGISCH

MN LIEF WEER OP HET BLOG!!!!XXXXXXXXXXXX

Oef...

laat

ik

maar

gauw

wegwezen

een

gewaarschuwd

mens

telt

voor

twee

ik

voor

tien

fred van der wal 17-07-2009 14:01

Wanneer Isis hier aankomt

wordt zij er door mij

niet uitgestompt

maar eerder nog

verwelkomd

toch mogen wij

niet al te veel

reageren

zonder onze eigen positie

te

verstjeren

dus zie ik op de

weblogweg

alleen nog maar

hele grote bruine

beren

fred van der wal 17-07-2009 19:06

Jezzebel/Dunya

In principe ga ik geen al te nauwe weblogbanden aan met anonieme personen die zich achter schuil namen en/of verschillende identiteiten verschuilen en weet ik graag met wie ik te maken heb. Ik houd niet echt van verstoppertje spelen.

Ik vertrouw er op dat U alle begrip zult kunnen opbrengen voor mijn bezwaren en wens U een voor spoedig weblog gebeuren met hen die U na staan.

Jezzebel 17-07-2009 21:22

@Fred, wat een zwaktebod.

Niet makkelijk zeker zo'n piranha in je nek?

Tot later.

Als je weer stukjes of meesterwerken gaat maken.

fred van der wal 17-07-2009 21:30

Who the hell is Jezzebel?

want van Fred van der Wal

weten we het al!

Ik geloof ook helemaal

niet

dat die Avatar jouw kop is

wie weet heb je een heel andere tronie

dan heb ik liever Isis Nedloni

die maakt geweldige spaghetti of

Macaroni

sla van paardebloemen

waar de bijen nog

in zoemen

en de rest kan

mij niks verdoemen

fred van der wal 17-07-2009 21:32

Om die piranha moest ik even lachen

François Labarbe 17-07-2009 21:51

Die voorlopige verbanning van de reactie- en aanbevelingspagina, is die zo langzamerhand niet beetje uitgewerkt? Dat wordt wel een keer tijd vind ik

fred van der wal 17-07-2009 22:04

Francois,

Dat was voor onbepaalde tijd dus dat kan nog wel effe duren. Ik wil er eigenlijk ook niet om smeken om het op te heffen als Heer Van Stand. Misschien vielen mijn bijdrages ook niet echt goed en het is na tuurlijk wel zo dat Isis en ik uitvoerig op elkaar reageerden waardoor het soms op een Chat Box leek.

Had ik een waarschuwing vantevoren gekregen dan had ik me daar wel aan gehouden, omdat voor mij de redactie altijd het laatste woord heeft. Ik zag er niet zo veel kwaad in eigenlijk.

Jezzebel 18-07-2009 05:40

@Fred, even praktisch.

Ik kan dat niet laten,

dan weet je het wel.

Bij voorbaat excuses dus voor Miss Isis.

Ik wil niet zeggen,

Fred mag je houden,

maar ik verlang niet meer dan zijn werk.

Fred, waarom laat je het niet gewoon gebeuren?

Who cares op welke pagina je staat.

Het gaat toch om wat je neerzet?

En weet je, wedden dat we je tot de hemel zullen tillen? :-)

Dat is toch veel leuker, als het echt is?

fred van der wal 18-07-2009 08:33

Jezzebel

Daar heb je groot gelijk in

het gaat er ook niet in eerste

instantie om

op welke pagina

of om "de hemel in te

worden getild"

ik hoef niet zo nodig

mezelf te bewijzen

bovendien bevalt het

non bloggen mij

buitengewoon goed

de oppositie tegen mij

uit onverwachte hoek

kwam op een moment

dat er even heel

veel moest gebeuren

een en ander

resulterend in

het oude verhaal van

de druppel en de emmer

Catharina Anna Maria van Vliet 18-07-2009 08:37

Fred ga je weg?

Maar Fred,

wat doe je dan met al die woorden,

die je tot nu hier neer kon zetten?

Jammer dat je Klaverblad verwijderd hebt.

misja van stichting martijn 18-07-2009 08:41

ok, dan heb je nu je blogvakantie wel gehad,

gewoon weer beginnen,

er zijn er altijd nog velen die je missen hier,

en ja, je kunt toch doseren?

meer balans...

give it a try,

eens niet alles of niks....

fred van de wallen 18-07-2009 08:49

Dear Catharina

dank voor belangstelling

zeggen die bijdehante

Amerikanen niet

bij het minste of geringste

met de ring of confidence

parelwitte tandenglimlach

stamelend

GIMME A BREAK

en breken dan in snikken uit

op de schouder van een Barbie uit

The Bold and the Beautifull

nou

zo wil ik

ook wel Amerikaan zijn, zeg

kostje gekocht

vooral die witte tanden

imponeren

het snikken minder

de barbies helemaal niet

maar ik moet

serieus zijn

anders zeg je ook

krijg nou wat

die van de Wallen

flest de boel

die lult maar wat

van weg gaan en

dan stiekum

gauw weer terug komen

het is de poppenkast niet

of wel?

fred van de wallen 18-07-2009 08:53

Misja van de kerkelijke Stichting Sint Martijn

daar is het reuze fijn

met al die kleine konijntjes

en kippenkontjes

heel fijntjes

zakken vol drop rondjes

kwekkende open mondjes

ik spreek liever niet van

kontjes

maar aai ze over hun bol

en dan, ja dan,

dan schiet ik vol

als man met

tranen van gevoel

druipen langs mijn stoel

met mijn achterpoten

in een teil warm water

zo wordt het lekker later

fred van de wallen 18-07-2009 08:55

Daar zegt Misja me iets: Alles of Niets!

Dat was een Belgische radio Quizz in The Fifties van de vorige eeuw toen
je nog niet bestond. De hele zaal vol Belgen brullen als de presentator bij
de finale vraag de zaal vroeg 'Alles Of Niets! '

Nee, dat was niet niets! Dat was pas echt alles!

fred van der wal 18-07-2009 10:10

Jezzebel

Ik wil rekening houden met de gevoelens van Isis Nedloni zoals je zult begrijpen en om die reden sta ik niet vrij in mijn correspondentie met en reageren op jou.

Zonder oplossing van het lang lopende conflict tussen Isis en jou zal ik altijd vele slagen om de arm moeten houden ten opzichte van je weblog uitingen en daarbij komt dan ook nog jouw kiezen voor anonimiteit, waarin je uiteraard vrij bent. Een keuze die mij zeer tegen staat.

Jezzebel 19-07-2009 09:28

@Fred, en zo heb je het mooi voor elkaar.

De Amerikanen noemen dat foot-in-mouth-techniek.

Want op deze manier kom ik natuurlijk niet meer terug.

Dan durf ik niet meer zo goed.

En zo kom jij nooit meer aan creëeren toe.

Dat zou zonde zijn.

Even concreet:

- Ook ik hou zeer zeker rekening met de gevoelens van Isis Nedloni.

- Jammer dat jij vindt dat je =om die reden niet vrij= staat in je reacties.

- Wij voeren geen correspondentie. Het gaat dus enkel om het blog.

- Er is géén langlopend conflict tussen Isis en mij.

- Meer dan eens heb ik een toenaderingspoging ondernomen.

- Dat heb je kunnen zien.

- Ik kies voor anonimiteit, omdat ik voor 'mijn waarheid' heb gekozen.

- Daarmee kan ik andere mensen beschadigen. Dat wil ik niet.

- Met een beetje doortastendheid is overigens snel te achterhalen wie ik ben.

- Ook dat is opzet.

Het is niet geheim, maar ik wil niet te gemakkelijk maken.

Jammer dat het je tegenstaat.

Waar het mij omgaat.

Kom je weer schrijven?

fred van der wal 19-07-2009 10:14

Goedemorgen Jezzebel

Akkoord. Een duidelijke uitleg. Ik betwijfel in enige mate je aangekondigde voorzichtigheid in regel drie van je reactie. Zo schuchter ben je nu ook weer niet.

Isis geeft een andere invulling van een en ander uit het nabije verleden dan jij klaarblijkelijk. Ik zal hier verder niet op in gaan, want ik ben niet betrokken bij de controverse, daar ik geen partij ben of wil zijn in een pat stelling of weblog conflict, doch wel rekening houdt met de wensen van Isis ten aanzien van intermenselijk contact.

Enige behoedzaamheid van mijn kant is op zijn plaats. Dat schept afstand, maar laat tevens ruimte open om te ademen.

Je weblog is opvallend, soms niet gemakkelijk te interpreteren, het visueel aangedragen materiaal heel vaak opzienbarend en getuigt van een persoonlijke aanpak.

Je keuze om al of niet terug te komen staat je vrij, maar is voor mij geen argument om een heroverweging te doen van mijn eerder ingenomen standpunt.

Wij voeren geen correspondentie? Ik dacht toch van wel gezien de reactieruimte die aardig gevuld wordt hetgeen mij in toenemende mate een grote vreugde geeft.

Een rijdans, zang en veel gelach liggen in het verschiet uit dien hoofde met als mogelijke uitkomst het breken van het brood en nuttigen van de wijn.

Anonimiteit op het weblog vind ik een wat al te gemakkelijke, veilige positie en een vlucht van de werkelijkheid, bovendien niet getuigen van morele moed. Ik zie het als een amputatie van de persoon met wie ik te maken heb.

Enige doortastendheid om je identiteit te achterhalen is verre van mij, uit respect voor je integriteit waarop ik met voorbedachte rade geen inbreuk zal en wil maken.

Het is jouw keuze, so be it.

Gerede twijfel aan de zin en noodzaak van mijn bijdrages aan het weblog nopen mij om daarin voorlopig geen verandering in de verschijningsfrequentie te brengen.

Ik beschouw mijzelf in het geheel van het webloggebeuren niet als uitzonderlijk of als A Man With A Message, maar wel als The Man In Black.

En dat, beste Jezzebel, zul je toch zeker nooit van mij gedacht hebben...

Jezzebel 19-07-2009 10:28

@Fred, je bent een mooie man.

Dat heeft Isis goed gezien.

Ik begrijp haar goed.

Ik zou je ook met al mijn tanden verdedigen. :-)

Isis, ik bedoel natuurlijk Modderpoel, of hoe ze eigenlijk echt heet.

Dat weet jij ook allemaal wel.

Dat vind ik geneuzel.

Het gaat mij om de ziel.

Who cares what name it wears.

Ik begrijp nu beter dan ooit.

Hoe meer ik aanmoedig hoe minder de heren.

Willen creëeren.

Ook dat is goed.

Als het moet.

En zo.

Tot later Fred, je bent zo lekker open.

Ik vind dat mooi.

Wel doortrapt en heel sluw.

Maar ik geloof dat ik je door de jaren goed ben gaan zien.

Laat 'm niet spatten, die bubble.

fred van der wal 19-07-2009 12:14

Jezzebel

Een ieder gaat haar/zijn weg door het leven en door het weblog, aan- of ontmoediging heeft mij nooit tot iets aangezet. Om de trancedentie van het bestaan te ervaren mag ik het OT boek Prediker aan raden, dat bij het overgrote merendeel van de webloggers totaal onbekend is.

Gisteren citeerde ik daar bij het afscheid nemen nog iets uit tegen een zeer hoog geschoolde bezoeker met brede internationale werk ervaring.

François Labarbe 19-07-2009 12:52

Ook goeiemorgen... zo samen op het blogbankje in de zon :-)

Isis Nedloni 19-07-2009 13:05

Ja...hier is een mooie kans om eens een prachtige discussie te starten....maar

ik zie dat er niet veel 'to the point wordt gesproken.

Ten eerst wil ik benadrukken dat ik je , Jezzebel, door je intens negatieve

houding t.o.v. mijn persoon in het verleden, niet vertrouw.

Je hebt mijn vertrouwen keer op keer gebroken/geschaad, door mij on-
terecht aan te klagen en daarna, na mijn onterechte verbanning, maand

in maand uit ,een samenwerkingsverband te ondergaan met mijn vkblog stalker.

(Dvv/FFF)

Dat heeft me zeer geraakt en pijn in mijn gevoelsleven gegeven.

Daarom vertrouw ik je niet en kan ik je nimmer meer vertrouwen.

Zo werkt dat bij de gevoelsmens......

Dan weet je mijn motivatie. Okay?

Maar nu geheel in het hier en nu.

Zou je zo vriendelijk willen zijn om je woorden iets helderder naar voren te willen brengen.

Dit is immers een zeer boeiende discussieruimte geworden.

En discussieren is toegestaan op het vkblog.

Dus mijn vraag aan jou Jezzebel:

Wat bedoel je met: 'Laat 'm niet spatten, de bubble?

En de veronderstelling dat je Fred sluw en doortrapt noemt vind ik ook erg intrigerend;))))

Zou je zo vriendelijk willen zijn om daar een duidelijker antwoord op te willen geven?

Wat vind je doortrapt en sluw aan Fred?

p.s. Je kunt hier geheel in een veilige omgeving open zijn met je antwoorden.

Hier is een veilige en respectabele reactieruimte.

Maak daar alsjeblieft gebruik van Jezzebel.

Vriendelijke groet

Isis Nedloni

fred van der wal 19-07-2009 13:11

Francois

Probleemloos wil ik een stoel bij schuiven en hoop dat je deze keer je eigen thermosfles bij je hebt en die heupflacon pure driesterren konjak want daar gaat het om en daarna een meerschuimen pijpje met toffee-tabak op steken want dat hoort als bijna AOW gerechtigde. En daarna monkelen, mummelen en mopperen en kwijlend loeren naar de jonge mokkultjes met recht naar voren staande jubelende tietjes zoals al die ouwe mannen doen of een potje rummy kuppen.

fred van der wal 19-07-2009 13:14

Ik geef de verdere openbaar toegankelijke discussie op

Isis Nedloni 19-07-2009 13:22

Dat hoeft ook niet lieverd.

De vraag is aan Jezzebel.

Je kan rustig achterover leunen en de woorden lezen.

Ik wens een ieder een prettige zondag en ben ik erg nieuwsgierig naar de antwoorden van Jezzebel.

Ik ben op niemand boos...er is niks aan de hand....maar vindt de interpretatie

van de ander (ditmaal Jezzebel) erg boeiend......

p.s. Taalbeest...dan kom ik gezellig schootpoezen op het bankje.....bij jou.....

fred van der wal 19-07-2009 13:40

Isis

dan mag jij weer aan mijn pijpje lurken

die van meerschuim

en Francois is zo grootmoedig

je een kopje koffie verkeerd te schenken

niet dattie verkeerd schenkt

ook

niet van vingerhoedfomaat

maar een grote

goudeerlijke

handgedraaide

hardstenen mok

een soort soepkom

die je in derde wereldwinkels

met hun foeilelijke producten

wel vindt

koop je er eentje

kan Kees Kammeloo

weer een weeskindje

een maand lang

een nap rijst geven

zelf ziet ie er

als patertje weltvree

tamelijk welgedaan en tevreden

uit

gelukkig maar

ontwikkelingswerk en weldoenerij

schept tevreden

mannen in kruiken en kannen

Wat kan jou de mening van J. schelen?

De kaarten zijn al lang geschud

HET KOMT NOOIT MEER GOED

en dat is ook goed

jan bouma 19-07-2009 14:25

Als nou niemand lange tenen had...

kon je er ook niet op gaan staan.

Daarom heb ik de mijne afgehakt!

fred van der wal 19-07-2009 14:46

Ja Jan, dat is weer eens niet echt verstandig, daar tenen een functie vervullen bij het lopen, evenwicht corrigeren en controleren, nu zit je er lelijk mee.

Dit ten eerste.

Ten tweede: Dat zouden ze wel willen dat je je tenen er af hakt. Er is een onnozele hals die de een of andere hoge berg beklom en na afloop op de tulleviessie kwam met geamputeerde tenen, ballen en lul vanwege bevriezing niet meer uit de voeten kon in genitaal opzicht en dan is zo iemand nog trots ook op de onzin die hij verricht heeft.

Men dient dus gewoon thuis te blijven en binnen te zitten.

Ten derde hebben tenen een esthetische functie; Echte Vrouwen willen mannen met tenen, zoals mannen vrouwen willen met lekkere, lange benen en geen varkenspoten zoals Karin Bloemen heeft, die volvette diva.

Ik begrijp al wederom dat de weblogger heel veel van mij kan op steken.

Ook Jezzebel.

jan bouma 19-07-2009 15:02

@Fred... ik probeer maar wat te relativeren...

trouwens zo'n volvette diva als die Karin...

dat moet toch ook wel weer lekker meedeinen...

Je laatste opmerking is juist

Dus zou ik maar blijven schrijven

Voor Isis, voor Jez, voor mij en voor eenieder ander

die je toch graag las...

En to hell met alle griepen!

Ook die Mexicaanse...

fred van der wal 19-07-2009 15:05

Ja, maar Jan, van dat afhakken van je tenen krijg je toch niet de Mexicaanse griep of juist wel? Daar kreeg je toch mixomatose van? De gekke konijnenziekte?

fred van der wal 19-07-2009 15:07

Een schreeuwerige relteef als Karin Bloemen lijkt me een scene uit een Horror Movie om in huis te hebben. Dan nog liever de gekke koeienziekte!

Je naam:

fred van der wal

Woonplaats: Frankrijk

Ik woonde lang in Amsterdam van aug. 1944 tot 1 jan. 1978, daarna 24 jaar in Friesland en sinds zeven jaar in de Bourgogne en dat is wonen in een grote, mooie, overvloedige, paradijselijke tuin die zijn gelijke niet kent...

Beroep: kunstschilder/auteur

Hobbies: literatuur, fotografie, kunsthistorie,

Man

Links

fred van der wal blogspot

isis nedloni

ateliers fred van der wal

fredvanderwal

isabella's playground

fredvanderwal

fred van der wal

fred van der wal

exposities fred van der wal

fred van der wal

literatuur over fred van der wal

fredvanderwal.kunstinzicht

zelfportret met luger

ISIS

fredvanderwal

fredvanderwal

fred van der wal curr. vitae

FRED VAN DER WAL FRYHOO

fredvanderwal.unblog

moondance

REALISTENGROEP WARNARS

LUCASWASHIER

ART EN FRANCE

Groepen

FOTOGRAFIE

Opgericht door K-O-E-K op zondag 7 juni 2009 22:00, 38 leden

Post die mooie foto die je adoreert

Post die mooie foto die je hebt gemaakt

Favorieten van fred van der wal

ISIS NEDLONI

IRIS 8 JAAR OUD TUSSEN DE IRISSEN

KWASTBIJTER MENSENTREITER

zelfportret 1996 potlood/papier

ISIS ALS TWEN

ISIS NEDLONI MOVIESTAR

fred van der wal & wim koster

ZELFPORTRET 2009 HOLLAND

maison l'ermitage

Isis Nedloni Juli 2009

ISIS NEDLONI

ZOENVIS

FRED VAN DER WAL, VAN BEROEP HELL RAISER

Atelier tweede Nassaustraat 8 Amsterdam 1974 portretfoto Fred van der Wal

Atelierdeur Fred van der Wal omzoomd door rozen

Fred van der Wal 2004 FRANKRIJK TUIN ATELIER

STATEMENT FRED VAN DER WAL

IK SCHILDER REALISTISCH ZONDER TERUG TE KIJKEN NAAR HET VERLEDEN, HET ACADEMISME OF DE OUDE MEESTERS

fred van der wal, café Le Paris, Cosne, febr. 2007

fred van der wal 1972 atelier tweede nassaustraat 8, Amsterdam

bellen zweven rondom mij heen

Isis en Fred 2006

DE JONGE SUPERZOENVIS

fred van der wal & isis nedloni

Motto Isis Nedloni ANI L'DODI V'DODI LI : Mijn geliefde is van mij en ben ik van hem.

Laatste reacties

Na 3 jaar webloggen overwoog fred van der wal nu te stoppen. Goed idee? Komt U maar!

fred van der wal: Een schreeuwerige relteef als Karin Bloemen lijkt me een scene ?

fred van der wal: Ja, maar Jan, van dat afhakken van je tenen krijg ?

jan bouma: @Fred... ik probeer maar wat te relativeren... trouwens zo'n volvette diva ?

fred van der wal: Ja Jan, dat is weer eens niet echt verstandig, daar ?

jan bouma: Als nou niemand lange tenen had... kon je er ook ?

Archief / RSS

Bekijk het hele archief van fred van der wal, of klik op een van de jaren

hieronder om een deel van het archief te ontsluiten.

2009/2008/2007/2006

Populaire berichten van deze blogger

Voor Fred van der Wal elke dag internationale dag van de wasknijper? Ja hoor!

"GESUBSIDIEERDE KELDERKUNST VAN DE DE BKR WAS VOOR 90 % VULLIS?

KADOOTJE VOOR ISIS NEDLONI VANDAAG GEVONDEN TE PERROY

HET GRAF VAN CULTFIGUUR KAPITEIN WESTERLING. EEN VERGETEN HELD.

Berichten met meeste reacties

2 juni laatste weblog; ik kap er mee! en reageer nergens meer op! (206)

Na 3 jaar webloggen overwoog fred van der wal nu te stoppen. Goed idee? Komt U maar! (164)

BOURGONDISCHE KUNSTENAAR FRED VAN DER WAL MISKEND IN HOLLAND? (108)

Voor Fred van der Wal elke dag internationale dag van de wasknijper? Ja hoor! (106)

FRED VAN DER WAL: EXPOSEREN IN EEN FRIESE GALERIE (88)

Fred van der Wal, 30 juli, COULOUTRE

www.ingramcontent.com/pod-product-compliance
Lightning Source LLC
Chambersburg PA
CBHW070102210526
45170CB00012B/702